AF242718

INSTITUT DE FRANCE.

ACADÉMIE DES SCIENCES

NOTICE HISTORIQUE

SUR

JOSEPH DECAISNE

PAR

M. BERTHELOT

SECRÉTAIRE PERPÉTUEL DE L'ACADÉMIE DES SCIENCES

Lue dans la séance publique annuelle du 18 décembre 1893.

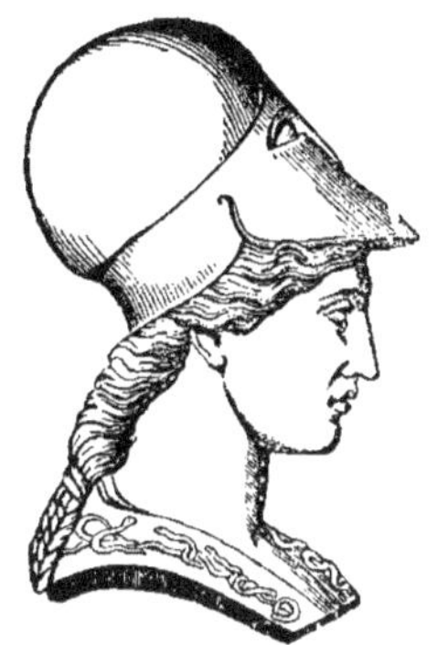

PARIS

TYPOGRAPHIE DE FIRMIN-DIDOT ET Cⁱᵉ

IMPRIMEURS DE L'INSTITUT DE FRANCE, RUE JACOB, 56.

M DCCC XCIII

INSTITUT
1893. — 26

ACADÉMIE DES SCIENCES

NOTICE HISTORIQUE

SUR

JOSEPH DECAISNE

PAR

M. BERTHELOT

SECRÉTAIRE PERPÉTUEL DE L'ACADÉMIE DES SCIENCES

Lue dans la séance publique annuelle du 18 décembre 1893.

MESSIEURS,

La Science a ses degrés, comme la vertu : Elle a des héros, tels que Newton et Lavoisier, que leur génie éleva au rang des demi-dieux; mais la vertu, aussi bien que la science, serait rare dans le monde et n'y exercerait qu'un rôle exceptionnel, si elle ne s'appuyait sur cette multitude plus modeste des hommes distingués, qui consacrent leur vie au culte du bien et de la vérité. Ce sont eux qui, par leur caractère et leurs travaux, constituent la représentation continue et la force morale permanente de l'humanité.

Quoi qu'on ait prétendu sur le déclin de notre siècle

il est certain que nul temps, nul pays ne compte de tels hommes davantage que le nôtre : j'ajouterai que notre Compagnie en est l'asile par choix et par destination. C'est pourquoi je regarde comme l'un des devoirs les plus pressants de la charge que j'exerce aujourd'hui au nom de l'Académie, celui de rappeler la mémoire de ces savants sincères et sans prétention, parvenus par leur seul travail depuis les rangs les plus infimes de la Société jusqu'au suprême honneur de l'Institut. Leur carrière et leurs succès font l'éclat de la démocratie française. Decaisne fut l'un de ceux-là : c'est l'une des plus nobles natures morales qui aient jamais vécu et l'un des hommes qui ont rendu les services les plus réels à la Science de notre époque.

I

Joseph Decaisne est né à Bruxelles, le 7 mars 1807, date à laquelle la Belgique faisait partie de l'Empire français. Il était le second fils de Victor Decaisne, natif de Beauchamps, arrondissement d'Abbeville, et d'Anne Marie Maës, d'Anvers. Il avait donc à la fois dans ses veines du sang picard et du sang flamand et il participait de cette double origine par la vivacité un peu cassante de sa nature droite et foncièrement honnête, comme par l'effort solide et continu de sa laborieuse intelligence. Né Français, d'origine française, animé d'un vif patriotisme, il n'en garda pas moins une vive affection pour le pays de sa mère, où s'était passée sa première enfance. Il en avait conservé l'accent et divers traits de style et de caractère ;

son entourage domestique et quelques voyages en Belgique et en Hollande, qu'il fit dans son âge mûr, contribuèrent encore à l'en rapprocher. Sa vieille mère infirme, assise dans un fauteuil de son salon, entourée du respect de son fils et de ses amis, semblait un antique portrait des peintres flamands. Aussi est-ce à juste titre que la nation belge a revendiqué le droit de partager avec la France l'honneur d'avoir donné naissance à Decaisne. Alliance féconde des races et des peuples, que nulle nation n'a proclamée plus haut que la France! Malgré les tristesses et les antagonismes de l'heure présente, c'est cette alliance, cette fusion des hommes dans la concorde et l'amour réciproque, qui constitue l'espérance et l'avenir de la civilisation universelle !

La famille de Decaisne en fournit un exemple mémorable, car ses membres se partagèrent entre les deux pays. C'est à Bruxelles qu'ils naquirent et furent élevés par leur mère, restée veuve, sans fortune, avec quatre enfants, dont trois fils. Tous trois ont marqué parmi leurs contemporains. Un seul, Pierre, devint citoyen belge. Après la chute de l'Empire, il fit ses études de médecine à Paris ; il prit part, comme médecin militaire, à la campagne qui affranchit la Belgique en 1830, et il atteignit le plus haut grade du service de santé dans l'armée belge. Le frère aîné, Henri, s'adonna à la peinture. Élève de David, qui avait été exilé à Bruxelles pendant la Restauration, il vint à Paris en 1821 avec sa famille. Son exemple et ses succès ne demeurèrent sans doute pas sans influence sur notre futur confrère. Mais cette influence fut tardive ; car la réputation ne sourit à Henri Decaisne que dix ans après. Si l'un de ses tableaux, qui représente la Belgique couronnant ses enfants les plus illustres, figure avec honneur au Musée de Bruxelles, cependant ses débuts n'en avaient pas moins été pénibles et la famille avait traversé une période de gêne et de misère. Ces détails domestiques, en même temps qu'ils font mieux comprendre le milieu moral et matériel où se forma Decaisne, sont nécessaires pour rendre compte des débuts singulièrement difficiles de son existence et du courage avec lequel il se résigna à accepter d'abord la condition d'un simple artisan, pour remonter, par l'effort du travail et de la volonté, jusqu'au rang dû à son mérite. Exemple rare d'énergie que l'on ne saurait trop mettre en évidence et entourer de trop d'éloges!

L'enfance de notre confrère ne faisait pas prévoir de telles extrémités. Il avait commencé ses études au lycée de Bruxelles et les avait poursuivies à Paris; mais la vie devenant de plus en plus difficile, il dut penser à tirer profit de lui-même, dès son adolescence. Son frère lui donna des leçons de dessin, et il acquit une certaine habileté pour reproduire les objets d'histoire naturelle, plantes, fleurs, animaux, talent auxiliaire indispensable aux études scientifiques qu'il poursuivit plus tard : à l'heure actuelle, ce devait être un gagne-pain. Le professeur Breschet proposa à Decaisne d'entrer dans son laboratoire, pour y dessiner des pièces anatomiques : il ne put y rester, la vocation médicale lui manquait. La vue, l'odeur des objets disséqués lui inspirèrent une répugnance invincible et une sorte de terreur, qui l'obligèrent à chercher d'autres moyens d'existence. Les plantes ont quelque chose de plus doux et de plus flatteur pour les sens et l'imagination. Mais il n'est

pas aisé à un débutant de trouver à vivre en les dessinant :
il faut une clientèle acquise qui lui manquait. La pauvreté
le força donc à descendre encore davantage : il dut renon-
cer pour un temps à vivre de son intelligence et se résigner
à une profession matérielle, qui lui permît de tirer parti de
ses bras et de son labeur musculaire. Visiteur assidu du
Jardin des Plantes, à cause de ses dessins, il fut réduit à
demander du travail à Colin, aide dans cet établissement, et il entra lui-même au Muséum comme garçon
jardinier, en 1824, à l'âge de 17 ans. C'était déjà la preuve
d'une force morale précoce : combien connaissons-nous
autour de nous de gens de condition moyenne qui, après
leur ruine accomplie, préfèrent se réduire, eux et leurs
enfants, à l'état de parasites, vivant aux dépens de la société qu'ils accusent de leur misère, au lieu de recourir
à un travail manuel honorable ?

C'est ainsi que Joseph Decaisne entama le combat pour
la vie : ses débuts mêmes dans sa nouvelle condition furent
rendus plus durs par la malveillance de ses nouveaux pairs.
Au lieu d'accueillir avec sympathie ce jeune homme, cet
enfant, amené vers eux d'une condition supérieure par le
sentiment du devoir, et qui regardait le labeur du ma-
nœuvre comme supérieur à la mendicité du déclassé, ses
compagnons traitèrent avec répulsion leur nouveau col-
lègue ; ils l'entourèrent de tracasseries et cherchèrent à
l'humilier : sentiment malheureusement trop commun chez
les natures vulgaires, mises par les circonstances en rap-
port d'égalité avec des personnes plus affinées. Mais Decaisne sut se défendre, par les moyens mêmes à la portée
de sa nouvelle société. On rapporte que la question se

vida par un combat singulier, où il fut le plus fort ce qui lui donna la paix.

Il put donc exercer tranquillement ses fonctions de garçon jardinier, et il demeura dans la hiérarchie de cette condition pendant neuf années. Il devait conserver de cette période de sa vie une empreinte ineffaçable, quelque chose de rude et d'arrêté dans les manières et dans le langage; un caractère droit jusqu'à la brusquerie, bienveillant pour les gens laborieux, mais ennemi de tout détour, de toute intrigue, de tout charlatanisme.

Cependant Decaisne, une fois assuré de l'existence matérielle, ne se confina pas dans sa besogne quotidienne. Après avoir accompli sa tâche avec conscience, il allait visiter les serres et les jardins célèbres; il étudiait et dessinait les plantes rares; ses fonctions mêmes lui permettaient de suivre les herborisations, comme auxiliaire, et d'en profiter pour compléter son éducation. Enflammé du désir d'apprendre, après une journée de labeurs manuels, il consacrait encore une partie de ses nuits à l'étude.

On a raconté qu'un célèbre philosophe de l'antiquité, pour ne pas s'endormir, tenait dans sa main une boule de métal, placée au-dessus d'un bassin de cuivre : si son attention fléchissait, la chute sonore de la boule le réveillait. Notre héros n'était pas moins obstiné dans sa volonté de travail : quand il était trop fatigué la nuit, il se jetait sur une natte tout habillé et sans couverture, afin que le froid ne tardât pas à le réveiller.

Dans un établissement tel que le Muséum, ce zèle ne pouvait tarder à être signalé. Étienne Geoffroy Saint-Hilaire, apercevant de la lumière aux fenêtres du magasin

de graines après l'heure réglementaire, s'enquit de ce qui
s'y passait, et avec sa bonté accoutumée signala le jeune
jardinier aux encouragements de ses collègues. Il était
coutumier du fait : c'était lui qui avait autrefois découvert
Cuvier, simple précepteur chez un particulier, et qui l'avait
lancé dans la carrière, sans redouter d'y trouver plus tard
un émule et un rival. Decaisne ne rêvait point des destinées
si hautes, mais il n'en devint pas moins une précieuse acqui-
sition pour la science. Adrien de Jussieu le fit passer du
laboratoire des graines au carré des semis : ce fut son
premier avancement ; Bernard de Jussieu avait autrefois
illustré cette modeste situation.

Le mérite de Decaisne et ses services devenant de plus
en plus manifestes, il fut choisi par Jussieu, en 1833, comme
aide naturaliste ; il avait 26 ans, et la carrière de la science,
fermée pour lui depuis son adolescence, se rouvrait enfin
et d'une manière définitive.

Il sut la parcourir ; mais toujours en marquant les étapes
par un travail incessant. Soin des herbiers, préparations
destinées aux publications de botanique descriptive, clas-
sement des collections de plantes, soit rapportées par les
voyageurs, soit achetées ou données par diverses personnes, disposition et surveillance des objets placés dans
les galeries : tels sont les devoirs de l'aide naturaliste, et
Decaisne s'en acquittait à merveille. On retrouve partout
son écriture dans les collections, notamment dans le célèbre herbier de Delessert. La fatigue des observations microscopiques, auxquelles il se livra pendant plus de cinquante ans, finit même par affaiblir et ruiner presque
entièrement la vue de son œil gauche. En même temps,

utilisant ses premières études, il accumulait chaque jour les dessins des êtres et des organes les plus intéressants, et il continua ainsi toute sa vie à former une réserve inépuisable, utilisée dans ses publications ultérieures. Le crayon pour le naturaliste est l'auxiliaire obligé du scalpel qui dissèque et de la plume qui décrit; car l'on n'avait pas alors la photographie pour y suppléer, sinon même pour assurer davantage la sincérité des descriptions anatomiques.

II

Decaisne ne tarda pas à publier les fruits de ses études. La liste de ses notes, mémoires et ouvrages de longue haleine comprend près de 3oo numéros. Beaucoup sont de courtes remarques ou monographies, les unes purement descriptives, les autres se rapportant à des problèmes de classification ou de méthode naturelle. Quoiqu'il insistât sans cesse sur la nécessité d'observer les êtres vivants pour bien comprendre le jeu des organes et les phénomènes de la vie, personne mieux que lui ne savait lire dans les spécimens desséchés des herbiers les caractères et les affinités des plantes. L'étude des végétaux nouveaux, rapportés par les voyageurs, rentrait d'ailleurs dans ses premières fonctions : par exemple, celle des plantes du Japon, de l'Égypte, du Sinaï, la suite de la publication de l'herbier indien de Jacquemont, etc. Une description de la flore de Timor forma l'objet de son premier mémoire inséré aux savants étrangers, en 1834, et depuis, les problèmes de géographie botanique ne cessèrent de le préoccuper; c'est ainsi qu'il découvrit dans le massif des Balkans l'origine du marronnier d'Inde, découverte confirmée depuis par les professeurs de l'Université d'Athènes.

Ses recherches anatomiques et physiologiques sur la garance en 1837 ouvrent des horizons plus larges; elles témoignent de son entrée dans un nouveau domaine et elles joignent à l'attrait des études purement théoriques l'intérêt plus pressant peut-être des applications industrielles. Elles furent couronnées par l'Académie des Sciences de Bruxelles. Le mémoire sur le développement du pollen, de l'ovule, et sur la structure de ce singulier parasite qu'on appelle le gui, a été présenté à notre Compagnie, et jugé par elle digne de l'insertion aux savants étrangers. C'est ainsi que la réputation de Decaisne comme spécialiste s'étendait et s'affermissait de jour en jour. Ses monographies sur les familles des Lardizabalées, des Asclépiadées, des Plantaginées, etc., ont marqué parmi ses travaux de début; sans énumérer tout ce qu'il a écrit dans cet ordre, il suffira de rappeler que l'étude des Pomacées marqua la fin de sa carrière.

La plupart des publications spéciales faites par Decaisne, sont dues à son concours à la grande œuvre du *Prodromus* des de Candolle, monument élevé à l'idéal des naturalistes, tel qu'ils le concevaient au commencement du siècle. Toute la Botanique, comme la Zoologie, paraissait alors consister dans la description méthodique des espèces, coordonnées suivant les cadres réputés absolus de la méthode naturelle. Mais, fragilité suprême des conceptions humaines! cet idéal, qui a enthousiasmé plusieurs générations de savants, s'est évanoui, avant même que l'œuvre colossale du *Prodromus* ait été poussée jusqu'à son

terme. On a cessé de croire, non seulement à la réalisation
possible, mais à l'existence même d'une semblable méthode : l'hypothèse voilée qu'elle impliquait, celle d'un lien
génétique entre les espèces et les familles a détruit à la
longue la notion de la fixité de ces espèces, et elle a fini
par conduire les naturalistes philosophes à des doctrines
opposées et plus suggestives. C'est ainsi que la Taxo-
nomie, après avoir un moment paru embrasser et résu-
mer toute la science, est tombée au simple rang d'une
branche de la Botanique ; elle n'est plus guère regardée
aujourd'hui que comme une construction artificielle : indispensable sans doute, mais surtout à titre d'auxiliaire de
sciences nouvelles, qui pénètrent plus profondément dans
la constitution intime des êtres vivants et qui étudient leur
vie actuelle et l'évolution progressive de leurs générations
dans la série des âges. Nous retrouverons tout à l'heure
l'influence de ces idées sur les travaux de l'âge mûr de
Decaisne. Mais à ses débuts, elles lui demeuraient étran-
gères, comme à la plupart des botanistes de son temps.

Une portion importante de ses labeurs fut consacrée
à des plantes utiles à l'industrie humaine. J'ai déjà nommé
la garance. Decaisne s'attacha encore avec Péligot à l'examen
de la betterave à sucre (1839) et, un peu plus tard (1845), il
publia des recherches sur la ramie, ortie textile de Chine,
nouvelle alors, mais dont l'emploi a pris depuis une certaine importance. La maladie de la pomme de terre, qui
amena la cruelle famine de l'Irlande, fut en 1846 l'objet
de ses études ; et il proposa d'introduire dans la culture
un succédané de cette plante alimentaire, l'igname de
Chine.

La vigueur scientifique de l'esprit de Decaisne croissant avec les années, il aborda, à partir de 1840, l'étude de la végétation de la mer, sujet immense, qui touche aux problèmes les plus généraux de la vie, et dont lafécondité ne sera jamais épuisée. Ce genre de recherches est aujourd'hui singulièrement facilité par les stations scientifiques maritimes, multipliées tout autour de nos côtes. Quoique ces stations aient été jusqu'ici surtout zoologiques, on ne saurait en méconnaître l'importance pour la Botanique. Decaisne n'avait pas les mêmes ressources, lorsqu'il entreprit l'étude des Algues marines en 1840, débutant par quelques notes insérées dans le *Bulletin de l'Académie de Bruxelles*, pour laquelle il conserva toujours une attention filiale.

Il s'agissait d'établir la nature véritable des Corallinées. Ce sont des êtres singuliers, habitant les eaux marines, encroûtés par des sels calcaires, et que l'on a considérés alternativement comme des végétaux et des animaux. On sait que les coraux proprement dits ont donné lieu à la même discussion : les anciens, se fondant sur leur forme et leur apparence, les regardaient comme des plantes, et ce préjugé régna jusqu'au jour où les naturalistes modernes démontrèrent la constitution animale de ces agrégats d'individus, reliés et soutenus par leur charpente minérale. Les Corallinées avaient d'abord suivi la destinée des coraux dans la classification. Lamarck et Cuvier les plaçaient parmi les polypes. Aujourd'hui elles ont été restituées au règne végétal : c'est une tribu de la classe des Algues, et Decaisne a pris une part essentielle à cette découverte importante.

Ses études sur les anthéridies et les spores, c'est-à-dire

sur la sexualité des Fucacées, se rapportent à un problème plus général encore et qui n'a pas cessé d'être l'objet des investigations des savants les plus distingués. Mais, après avoir abordé ce sujet en 1844, en collaboration avec son élève et ami Thuret, il lui en abandonna la poursuite; il ne cessa d'ailleurs de le conseiller et de le suivre dans la série des belles découvertes, qui ont mené successivement jusqu'à l'Académie Thuret d'abord, comme correspondant, puis notre confrère M. Bornet. Grand exemple de désintéressement, moins rare cependant parmi les maîtres de la science que la malignité humaine ne porte quelques jaloux à le supposer!

<h2 style="text-align:center">III</h2>

La réputation de Decaisne avait grandi, par cette progression lente et irrésistible qui résulte d'un travail continu et consciencieux. Les sanctions ne tardèrent pas à venir. Le 19 avril 1847, il fut nommé membre de la Section d'Économie rurale à l'Académie, après les débats d'une double candidature, où l'on retrouve en face l'un de l'autre, pour se disputer la place, qu'ils obtinrent successivement, un chimiste, Payen, et un botaniste, Decaisne : la chose n'est pas rare au sein de la Section.

Decaisne professait déjà depuis plusieurs années dans la chaire de culture au Muséum : il en devint titulaire en 1851. Il y avait été précédé par des savants illustres de leur temps, Thouin, Bosc et de Mirbel.

C'est ainsi que l'ancien garçon jardinier, par vingt-sept années de travail continu, s'était élevé au rang de ses anciens maîtres. Il avait connu au-dessus de lui, dans les hauteurs de l'empyrée scientifique, au début du siècle, les Cuvier, les Geoffroy Saint-Hilaire, les de Jussieu, les Gay-Lussac, les Brongniart, Chevreul enfin, qui prolongea jusqu'à nos derniers temps sa carrière centenaire : ces hommes sont l'honneur immortel du Muséum et de la science française !

En 1828 on comptait encore, dans la section de Botanique, des noms illustrés dès la fin du XVIIIᵉ siècle, tels qu'Antoine-Laurent de Jussieu et Lamarck. Puis vint la génération des Épigones, élèves et successeurs de ces grands hommes. Si nous recherchohs les noms des membres de la section à vingt ans d'intervalle, nous voyons qu'en 1848 Mirbel survivait seul ; de nouveaux venus, Auguste Saint-Hilaire, Richard, Brongniart, Gaudichaud et le dernier des Jussieu, Adrien, y continuaient la grande tradition. Vingt ans après, la composition de la section a changé encore une fois. De 1838 à 1848 ses membres étaient restés les mêmes ; mais presque tous disparaissent dans les années suivantes. En 1858, Brongniart représente seul les vieux souvenirs, et nous y trouvons les noms de trois de nos confrères actuels : MM. Duchartre, Naudin, Trécul, dont la postérité saura apprécier le rôle et les services. Remarquons d'ailleurs à quel point la continuité de la science et de ses idées générales est maintenue par la constitution de l'Institut. De 1838 à 1893, c'est-à-dire pendant cinquante-cinq ans, la section de Botanique a perdu seulement onze de ses membres et elle ne s'est renouvelée que deux fois : une fois par génération humaine. C'est là une mesure suffisante pour assurer à la fois la suite des traditions et le rajeunissement des idées, double condition également nécessaire au maintien et au développement des études auxquelles est consacrée notre Académie.

Exposer les problèmes qui se sont succédé en Botanique, pendant les deux générations qui embrassent l'existence de Decaisne, ce serait certes là un sujet fécond et surprenant, rempli d'enseignement pour l'histoire de l'esprit humain. On y verrait comment l'étude obstinée des familles et des espèces a conduit les savants à soulever le problème même des origines de celles-ci; comment ce problème a rejeté au second plan l'étude des classifications ; comment la physiologie des plantes, à peine entrevue d'abord, a pris une importance et un intérêt grandissants et quelle en est la liaison intime avec un autre ordre de questions, presque inconnues au début de ce siècle : je veux parler de la chimie végétale, c'est-à-dire des transformations en vertu desquelles les éléments minéraux se fixent et s'assimilent, pour former les principes immédiats et les tissus mêmes des plantes. L'étude purement chimique de ces transformations a mené à celle des mécanismes qui y président ; c'est-à-dire à l'examen approfondi des derniers éléments des tissus, et par suite à la connaissance des êtres microscopiques, microbes, bactéries, cellules isolées ou groupées, qui sont à la fois le siège de la vie intime des plantes et les agents subtils des métamorphoses chimiques, en vertu desquels la vie se poursuit et se propage. Ainsi un monde nouveau s'est révélé et sa découverte a conduit les observateurs dans des voies non soupçonnées il y a cinquante ans. Mais ce n'est pas ici le moment de retracer ce tableau de la transformation incessante de la science, entraînée continuellement, par l'étude des problèmes qu'elle discute, à

en soulever de nouveaux et à changer d'horizons. Si j'ai
dû en dire quelques mots, pour marquer l'évolution de la
science de notre temps, c'est-à-dire de celui de Decaisne,
cependant je ne saurais m'y étendre, sans m'écarter de
l'étude biographique du savant distingué et méritant, dont
on s'attache à raconter ici la vie et le rôle scientifique.

IV

Bornons-nous donc à rappeler les services que Decaisne
a rendus à sa science favorite et l'influence légitime que
sa haute situation lui a permis d'exercer sur ses contemporains : tant au Muséum, où il accomplissait ses fonctions, que dans les grandes publications scientifiques,
auxquelles il apporta son concours.

Le rôle de Decaisne au Muséum était multiple. Comme
professeur, sa parole improvisée et inégale agissait par la
chaleur de son amour pour la botanique et par la richesse
de ses descriptions, plutôt que par sa forme littéraire. Mais
l'influence d'un professeur de science n'est pas limitée à
son amphithéâtre ; elle s'accuse aussi dans la direction des
travaux pratiques. Les herborisations de Decaisne, con-
duites avec verve et entrain, ont laissé des souvenirs
durables parmi ses élèves. Dans le contact perpétuel qu'il
conservait avec les étudiants et les jeunes savants, il ne
refusa jamais à personne, ni un conseil désintéressé, ni
une aide bienveillante et efficace.

Plus d'un des jeunes hommes qu'il a formés sont devenus
des savants distingués. Citerons-nous nos confrères Naudin,
Dehérain et le regretté Thuret? Rappellerons-nous l'affec-

tion touchante conservée à son ancien maître par M. Bertrand, de la Faculté des Sciences de Lille? On trouve dans une lettre de Decaisne, datée de 1875, ce cri du cœur : « La découverte de Van Tieghem me rend heureux. » Bien d'autres noms pourraient être ici prononcés.

Decaisne n'était pas moins attaché à ses devoirs de Directeur des cultures du Muséum. Chaque matin, il passait en revue l'École Botanique, les Serres, l'Orangerie, le Jardin public et les Pépinières. Il aimait profondément ce Muséum, où il avait grandi, où toute sa vie s'était écoulée. C'était là sa vraie famille, son milieu favori; c'était là qu'il vivait dans sa petite maison de la rue de Cuvier, de cette vie sévère et un peu triste de l'homme demeuré solitaire, et qui ne renouvelle pas sans cesse son être moral, par la présence d'une femme aimée, et par l'éducation affectueuse de ses enfants. Les amis, quelque chers qu'ils soient, et Decaisne en comptait de bien dévoués, ne sauraient y suppléer. Ni l'impulsion toujours présente de la recherche scientifique, qui formait le fond de sa vie, ni les jouissances des arts, musique et peinture, auxquels il était sensible par nature et par tradition de famille, ne suffisent à combler de tels vides.

Cependant son rôle et son influence sur la science augmentaient et, par une suite nécessaire, ses occupations, à mesure qu'il parvenait à ces hautes positions, ambition suprême du savant. Depuis 1842, il prit part à notre grande publication française, *les Annales des sciences naturelles*, et dans un ordre moins élevé, quoique non moins utile, à la *Revue horticole*, et au *Bon Jardinier*. Il publiait, en collaboration avec Le Maout, un *Traité général de Botanique*,

devenu classique; avec M. Naudin, un *Manuel de l'Amateur
des jardins*, et il dirigeait en même temps une œuvre de
longue haleine qui lui tenait surtout à cœur, *Le Jardin
fruitier du Muséum*, en 12 vol. in-4°: c'est là que se trouve
sa célèbre *Étude sur les Poiriers*, où il aborde la grande
question de l'espèce : j'y reviendrai tout à l'heure.

Decaisne concourut aussi à la création de la Société de
botanique, dont il fut deux fois président. Cette création
et celle des sociétés similaires marquent une époque, ou
plutôt une étape, dans l'histoire de la Science française. A
ce moment en effet, les Sciences physiques et naturelles,
longtemps concentrées dans un double foyer, — l'Académie, pour les réputations faites, et la Société philomathique,
pour les débutants, — commençaient à réclamer des organes spéciaux; leurs adeptes, de plus en plus nombreux,
suffisaient à former dans chaque science particulière un
public compétent et désireux de discuter plus à fond,
entre gens du métier, les questions qui les intéressaient.
Ainsi se fondèrent, il y a une quarantaine d'années, les Sociétés de biologie, de chimie, de géologie et minéralogie
de mathématiques, de physique, de botanique, par une,
sorte de démembrement de l'antique et vénérable Société philomathique.

V

La vie de Decaisne s'écoula dès lors, entourée d'honneurs
et de respect. En 1864, il fut élu président de l'Académie,
fonction qu'il exerça l'année suivante. La Société royale
de Londres le nomma membre étranger en 1880. Il jouit de

ces dignités avec la modestie et la simplicité qui le caracté-
risaient. C'était, dans toute la force du terme : *Mens sana
in corpore sano.*

En effet, son équilibre moral était lié intimement avec
l'équilibre de sa nature physique. Sa constitution était saine
et robuste, maintenue par des habitudes de tempérance,
par une vie sobre et active, qui combinait les travaux de
cabinet avec les visites quotidiennes en plein air des jardins du Muséum et les excursions périodiques des herborisations en rase campagne.

C'est ainsi que, dans les conditions imparfaites et fra-
giles de l'existence humaine, la vie d'un savant, et surtout celle d'un savant adonné aux sciences de la nature,
exempte des agitations passionnées des affaires, des arts,
ou de la politique, offre les garanties les plus certaines de
la santé physique et du bonheur moral !

Il convient d'y joindre celles du caractère : elles ne faisaient certes pas défaut à Decaisne ; sa vie était régulière
et modeste, non sans une nuance d'austérité. S'il était
dur pour lui-même, si son premier abord avait parfois
quelque raideur et je ne sais quelle nuance de méfiance,
cependant, une fois cette première impression dissipée, il
savait être bon et indulgent pour les autres, surtout pour
les jeunes gens et les hommes de bonne volonté.

Sincère et sans grande malice, mais d'une extrême droi-
ture, il avait l'amour passionné de la vérité, l'horreur du
charlatanisme, et il savait reconnaître les personnes qui
partageaient ces sentiments. Ce sont là des qualités qui
procurent des amitiés solides et des rancunes tenaces : les
unes et les autres n'ont pas fait défaut à Decaisne. Il faisait

beaucoup de bien autour de lui, mais en secret; il visitait en personne les indigents de son quartier. Plus d'un botaniste de son temps lui dut une aide efficace. Après avoir épuisé les faibles ressources dont il disposait, pour venir au secours des savants dans la détresse, il savait recourir, dans l'occasion, à des amis plus riches, tels que G. Thuret, qui le précéda dans la tombe, et, plus tard, Mme H. Thuret, qui mourut le même jour que lui.

La façon dont il aida l'un d'entre eux mérite d'être rapportée, à cause de l'honneur qu'elle fait à tous les personnages mêlés à cette aventure. Ce savant, dont je tairai le nom, était plus attentif à ses travaux qu'à la recherche des ressources matérielles de l'existence. En 1850, réduit aux dernières extrémités, il s'adressa à ses connaissances, afin de tâcher de trouver quelque occupation rémunérée. Il était médecin et c'est parmi les devoirs professionnels de cet ordre qu'il la cherchait. Le botaniste Thuret, dans sa générosité, croit pouvoir aller au plus pressé : il offre 3 000 francs, soi-disant pour écrire un ouvrage scientifique. Mais son interlocuteur est trop fier pour accepter une aumône déguisée. Il refuse et, poursuivant ses démarches, va voir la sœur de Decaisne, Mme Simart, à qui il raconte sa situation. Celle-ci, avec la finesse délicate d'une femme, voit de suite ce qu'elle a à dire. « Vous arrivez à merveille; je suis chargée par une amie qui habite Bordeaux de lui faire faire une consultation. Voici sa lettre; elle est écrite en espagnol : je vais vous la traduire. » La traduction improvisée, elle ajoute : « Rédigez l'ordonnance. » Notre médecin surpris écrit sa consultation. — « Vous me tirez d'embarras, ajoute son interlocutrice; j'attendais mon frère pour lui demander conseil et je vous remercie. Je vais envoyer votre ordonnance à mon amie et voici 40 francs qu'elle m'a chargée de remettre au médecin. » La conversation continue et l'esprit ingénieux de la sœur de Decaisne trouve presque aussitôt un nouvel artifice. — « Votre visite, dit-elle, est vraiment providentielle. Une personne âgée et charitable m'a chargée de trouver un médecin pour soigner quelques pauvres gens du quartier Saint-Eustache. Accepteriez-vous cette mission? — Oui, sans doute. » Mais notre homme, toujours méfiant, ajoute : « A la condition de savoir le nom de cette personne. — Docteur, cela ne vous regarde pas. Tout ce que je peux vous dire, c'est que je dois aller voir demain M. Drouet, vicaire de Saint-Eustache, et m'en entretenir avec lui. » Puis, sur un signe : « Puisque vous acceptez, voici votre denier à Dieu (100 francs) pour le premier trimestre. Vous me tirez d'embarras. »

C'est ainsi qu'on trouva moyen de faire accepter à notre homme l'argent de Thuret, qu'il avait refusé d'abord. « Avouez, ajoute Decaisne dans la lettre où il rapporte ces faits, qu'il eût été plus simple d'écrire un bon livre pour 3000 francs. » Il s'y étend sur les précautions à prendre pour continuer cette aide, sans éveiller les soupçons de l'obligé : « Il pardonnerait difficilement, dit-il, un service qu'on aurait voulu lui rendre malgré lui. » Puis viennent toute une série d'efforts pour porter le traitement à cent francs par mois. Cela dura pendant bien des années, jusqu'à la mort du savant, qui ne soupçonna jamais à quel point il avait été trompé.

On voit, par ces échanges de lettres et de sentiments affectueux réciproques, que Decaisne ne s'enfermait pas dans ce froid égoïsme, que l'on a parfois reproché à quelques hommes de génie.

VI

Dans la carrière de tout savant, il y a un point culminant sur lequel il a concentré ses efforts. Alors même que l'exercice de son activité a été dispersé par ses fonctions, ses goûts, ses devoirs, on rencontre d'ordinaire une question fondamentale, sur laquelle ses recherches ont fait époque et méritent d'être rappelées au souvenir de la postérité. Dans l'existence de Decaisne, cette question est celle de l'espèce, qui a préoccupé tant d'hommes de sa génération et sur laquelle s'est accompli en quelque sorte le tournant de la Botanique, dans le XIX\ siècle. Ce problème était trop vaste pour que Decaisne, avec sa modestie et le sentiment sincère des limites de son propre esprit, essayât de l'aborder dans son ensemble. Mais il l'a attaqué sur un point limité, avec une netteté et une précision irréprochables; et il est parvenu à des résultats inattendus, contradictoires avec beaucoup des idées émises par les esprits les plus puissants; résultats qu'il n'est permis aujourd'hui à personne de passer sous silence, sans encourir le reproche de mutiler les questions et de jeter un voile sur la vérité.

En effet, c'est une tendance trop naturelle à l'esprit humain que la construction de systèmes absolus, repoussant dans l'ombre, sinon dans un silence et un oubli voulus, les faits qui leur sont contraires. Ces faits gênants, sans

doute, disparaissent d'abord dans la simplification nécessaire des cours et des manuels et les esprits superficiels
tendent à s'en débarrasser par voie de prétérition. Tandis
qu'il importe au contraire de les mettre en évidence et de
les relever sans cesse, dans l'enseignement supérieur et dans
les recherches de première main : car c'est principalement
par l'étude critique des faits opposés aux systèmes reçus
que la science progresse.

Or, telles sont les expériences exécutées par Decaisne
sur les Poiriers, et poursuivies par lui pendant plus de vingt
ans : elles faisaient suite à des observations séculaires. Ces
dernières remontent en effet, au jardin fruitier des Char-
treux à Paris, demeuré, au temps de ma jeunesse, distinct
du Luxembourg, avec lequel il est aujourd'hui confondu.
Quand les ordres religieux furent abolis par la Conven-
tion de 1793, deux individus de chacune des variétés
d'arbres à fruits que ce jardin renfermait furent transpor-
tés dans les terrains du Jardin des Plantes ; le nombre s'en
élevait alors à 185. A la mort d'André Thouin, en 1824, le
seul genre Poirier y comptait 265 espèces ou variétés. En
1871, le nombre toujours croissant de ces types d'espèces
ou variétés de poiriers s'élevait à plus de 1400. Ces types
résultaient-ils de semis? ou bien avaient-ils été multipliés
par la greffe? Peu importe; car leur seule existence soulève
un problème taxonomique, qui touche au fond même de la
méthode naturelle. Comment classer ces 1400 types? Nous
les avons vus se multiplier sous nos yeux ; devons-nous les
partager en genres, en espèces, en races? Et quelles règles
présideront à cette distribution? Suffit-il de recourir,
comme on le fait d'ordinaire, à un sentiment plus ou moins

délicat, mais nécessairement vague, des analogies? Là
chose est d'autant plus difficile que les types décrits autrefois par Duhamel ne s'y retrouvaient plus avec précision.

En réalité le genre *Pirus* renferme des arbres fort divers,
par leur port, par le dessin des feuilles, qui vont parfois
jusqu'à être lobées comme celles de l'aubépine, par la présence ou l'absence des épines, par la forme, le volume,
la précocité des fleurs et des fruits. Les caractères y offrent
une multiplicité, un enchevêtrement extrêmes. Decaisne
avait essayé à son tour de grouper en six souches naturelles
les nombreuses formes de ce genre, envisagées comme
espèces. Mais ce sont là, en définitive, des conceptions
toujours mêlées d'arbitraire. Il s'agit de savoir si chacun
de ces types de poiriers provient directement d'une espèce
naturelle correspondante? ou bien sont-ce les subdivisions
d'un ou plusieurs types primitifs, diversifiés par la nature du
sol et de la culture? C'était le cas, ou jamais, de vérifier la
définition classique de l'espèce, envisagée comme immuable
par la plupart des auteurs de l'époque. A la vérité, Lin-
né, autrefois, avait cru à la variabilité de l'espèce; mais
l'opinion contraire avait prévalu; et c'était le fondement
obligatoire de la méthode dite naturelle. Autrement, la
classification ne pourrait guère être envisagée que comme
un procédé commode, né d'un artifice de l'esprit; au lieu
d'être l'expression absolue de la nature des choses. On voit
l'importance de toutes ces questions, non seulement au
point de vue des sciences naturelles, mais à celui plus général de la philosophie et du problème de la connaissance.

Il s'agissait donc de prendre comme critérium les diverses
races ou variétés de poiriers et d'en déterminer les modes

de transmission par génération. Parmi ces nombreuses variétés, d'après la théorie reçue, celles-là seules devaient pouvoir se transmettre par semis, qui constituent des espèces définies, les variétés faisant retour aux types originels ; les métis, en particulier, lorsqu'ils ne demeurent pas inféconds, sont censés reproduire, tantôt l'un, tantôt l'autre de leurs générateurs, sinon les deux simultanément. On devrait retrouver ainsi ces types originels, voire même constater qu'il n'en existe qu'un seul, commun aux 1400 variétés.

Il est facile de tracer *a priori* le plan d'une semblable expérience ; mais son exécution demandait des années et une méthode exacte, suivie avec une rigueur inflexible. Il semble qu'il fut nécessaire pour l'accomplir de recourir à ces établissements séculaires, consacrés à poursuivre une même étude pendant une longue série d'années et dont Bacon avait proclamé la nécessité idéale. Le Muséum remplit en grande partie ces conditions et, grâce à ses ressources, Decaisne osa tenter à lui seul l'entreprise ; il avait ce qu'il fallait pour la poursuivre : la patience, la sincérité absolue et la connaissance approfondie de la vie végétale. Il en comprenait d'ailleurs l'importance capitale pour la discussion des problèmes relatifs à la descendance des êtres, dont Darwin a été, de notre temps, le plus éclatant promoteur.

Decaisne choisit, en 1853, quatre variétés de poiriers, reconnues comme distinctes par tous les arboriculteurs, savoir :

La poire d'Angleterre ;

La poire Bosc, en forme de calebasse ;

La poire Belle-Alliance, plus ramassée;

Et la poire Cirole, variété du Sauger.

Il choisit les fruits et sema les pépins dans un même sol
et dans des conditions aussi semblables que possible.
Peut-être exigerait-on aujourd'hui davantage : je veux dire
le choix de graines empruntées à un arbre isolé de toute
autre variété, susceptible de concourir à sa fécondation.
Mais le caractère bien déterminé des fruits qui avaient
fourni les semences pouvait être jugé comme offrant de
sérieuses garanties à cet égard.

Quoi qu'il en soit, les grainesl evèrent l'année même; à
l'exception des pépins de la poire d'Angleterre, qui n'ont
germé que l'année suivante, sans cause connue.

La plupart des jeunes plants ne fructifièrent pas. Mais
il s'en développa un nombre suffisant pour que l'expérience pût donner ses résultats. Elle a été continuée pendant dix ans; et elle l'aurait été plus longtemps, si une
décision ministérielle, rendue en 1867, n'avait exigé la
transplantation des pieds subsistant et amené la regret-
table terminaison de cette étude. Je ne sais d'ailleurs si la
patience et la vie même des opérateursauraient suffi po ur la
poursuivre pendant un quart de siècle. Or, il ne faut guère
compter sur ses successeurs, pour continuer une œuvre
dirigée par des vues personnelles.

Quoi qu'il en soit, voici les résultats constatés au bout
de dix années.

Avec les semis de la poire d'Angleterre, on a obtenu
neuf arbres fructifères; les neuf formes différaient entre elles
et différaient de la forme mère, au même degré que les
anciennes variétés. Ainsi l'une des formes nouvelles des

fruits était celle d'une poire d'hiver, semblable à la poire
Saint-Germain; une autre, en forme de pomme, était
pareille à la Belle-Alliance.

Avec les semis de la poire Bosc, on a obtenu plusieurs
nouveaux fruits, différents du type semé, et dont l'un était
semblable à une variété obtenue d'autre part avec le poirier Sauger.

La Belle-Alliance a fourni neuf variétés nouvelles, dont
aucune ne reproduisait la forme mère, ni par l'apparence,
ni par la grosseur, qui était plus que double pour l'une
d'elles, ni par le coloris, ni par l'époque de maturité.

Enfin les semis du Cirole Sauger ont produit quatre
arbres, et chaque fruit avait une forme différente, dont
l'une verte et ovoïde; une seconde, ramassée, maliforme,
rouge et verte; une troisième déprimée, verte, teintée
de brun; une dernière piriforme, jaune, deux fois aussi
grosse que les précédentes.

On voit combien l'aventure fut étrange. Dans cette
expérience faite d'après les règles et en conformité avec la
définition classique de l'espèce, aucun résultat ne répondit
pourtant à cette définition : dans aucun cas, on n'obtint la
continuité morphologique des caractères particuliers des
divers types de la plante et du fruit.

On pourrait objecter que cette continuité est assurée au
contraire par la greffe, procédé connu depuis le temps des
Babyloniens. La greffe constitue en effet un mode spécial
de propagation, par implantation d'un bourgeon ou d'un
rameau, détaché d'une plante déjà constituée, sur un arbre
vivant, envisagé comme milieu spécialement favorable à la
nutrition des plantes similaires. Greffe, bouture, repi-

quage des rejetons et des stolons, sont des procédés ana-
logues, propres à conserver et à propager les variétés existantes; ils dérivent au fond de la scissiparité.

Mais ce ne sont pas des procédés fondés sur la génération proprement dite : aussi n'ont-ils jamais été envisagés
comme propres à définir l'espèce.

En définitive, la seule conclusion légitime de cette grande
expérience de Decaisne, c'est que les poiriers soumis à
son étude, sinon même tous les poiriers du genre, appar-
tiendraient à un type unique, quoique polymorphe.

Cependant ce polymorphisme dans la transmission par
génération, sans retour nécessaire à la forme ensemencée,
n'est-il pas la négation de la définition ordinaire de l'espèce? On suppose que les limites mêmes des variations
devraient être constatées dans des expériences plus pro-
longées, telles que la nature les réalise pendant le cours
des siècles, grâce aux diversités des terrains et des climats :
mais demeureraient-elles enfermées dans les bornes déjà
fort étendues de celles-ci? L'étude de la Géographie Botanique fournirait sans doute ici de nouveaux documents;
je ne sais si l'on a jamais recueilli avec méthode ceux
qui concernent le genre *Pirus*. Quoi qu'il en soit, Decaisne,
dans son expérience, ne se proposait pas d'étudier, re-
marquons-le bien, ces variations lentes, produites par le
temps et la modification progressive des conditions de
l'existence d'un type, en apparence constant et susceptible
de se transmettre d'ordinaire sans changement sensible
d'une génération à l'autre, tant qu'il ne serait pas modifié
par la pression continuellement exercée d'une condition
prépondérante.

Or, les faits actuels ne rentrent pas dans une semblable caractéristique. Toute transformation, dira-t-on, n'est pas réputée s'exercer uniquement par des degrés minimes et successifs : on conçoit qu'il puisse y avoir des passages lents et des sauts brusques. Mais, dans l'expérience de Decaisne, disons-le encore, il ne s'agit pas de ces variétés qui, produites en une fois et par quelque accident, se perpétueraient ensuite avec la même stabilité que le type primitif. Il ne s'agit pas non plus de ces variétés, telles qu'il en existerait une qui l'emporterait sur les autres dans la lutte pour l'existence, et dont la permanence serait déterminée par celle des conditions actuelles. Même avant d'avoir terminé ses observations, Decaisne n'admettait pas que de telles hypothèses eussent reçu un commencement de démonstration. Il écrivait à ce sujet à son ami Thuret, en 1868 : « Je voudrais voir cela de mes yeux. Si la nature n'a pas employé d'autre procédé pour façonner le monde actuel, il ne doit pas être difficile de la prendre sur le fait. »

La nature prise sur le fait par notre confrère donnait une réponse toute différente : les conceptions développées avec une conviction si persuasive par Darwin, et appuyées par lui de tant d'observations originales, ne paraissent donc pas applicables à l'expérience de Decaisne sur les Poiriers. Faut-il supposer que chaque poirier existant actuellement constitue un métis complexe, susceptible de produire à la fois une multitude de semences, correspondant chacune à quelqu'un des types simples et disparus, dont il dériverait par une série d'hybridations séculaires ? C'est là une conjecture bien compliquée et bien arbitraire. S'il fallait, à toute force, proposer ici une hypothèse, peut-être la préférable serait-elle celle de quelque variation brusque et irrégulière d'un type instable, au moment de la fécondation ; variation à laquelle la plupart des espèces étudiées jusqu'ici résisteraient d'ordinaire ; tandis que les ovules des *Pirus,* plus plastiques à ce moment, en offriraient l'exemple et la démonstration.

Ce problème de l'évolution des êtres vivants, propagés et multipliés par voie de génération, a de tout temps séduit les esprits philosophiques ; mais aucun système jusqu'ici n'a réussi à en donner de solution suffisamment vraisemblable. Si la fixité des espèces dans le passé paraît inconciliable avec les observations de la géologie, il n'est pas moins évident pour tous les esprits désintéressés que les expériences faites sur les êtres actuels n'ont jamais fait jusqu'ici que fournir des aperçus insuffisants et mettre en évidence des complications inattendues.

L'hypothèse des créations successives est d'ordre théologique et étrangère à la science ; celle des époques alternatives de repos et d'activité de la terre, pendant lesquelles les forces secrètes de la nature interviendraient par à-coup, rappelle les vieilles théories du moyen âge sur les qualités occultes. Sans doute la science doit toujours réserver l'influence des causes inconnues ; mais elle ne saurait appuyer sur elles ses explications. Quant à la coexistence supposée de toutes les espèces actuelles avec les espèces éteintes, depuis l'origine des êtres vivants sur la terre, elle ne repose sur aucun fait et semble au contraire réfutée par les constatations des géologues. Mais si l'éternité des espèces paraît insoutenable, leur variabilité n'a point été expliquée, ni même établie, d'une façon irréfutable. Le

lien génétique qui doit rattacher les unes aux autres ces
formes successives demeure donc obscur et non démontré.

On pourrait invoquer ici, à côté de l'histoire géologique,
l'histoire de l'humanité. Les nations ne sont pas plus stables
que les espèces, à la surface de la terre. Le monde minéral
seul est invariable dans ses formes, tandis que le monde
vivant change à la longue, avec le cours des générations
qui se succèdent. Chaque peuple, comme chaque espèce,
semble obéir à un principe intérieur d'évolution, modifié
par l'action du milieu extérieur. Mais son énergie spécifique s'épuise avec les siècles. Tantôt les types anciens
disparaissent entièrement; tantôt ils sont modifiés par le
métissage, en devenant l'origine de types nouveaux de
nations. Toutefois nous ne possédons pas des documents
aussi sûrs pour établir la continuité des espèces végétales
et animales, actuellement existantes, avec les espèces
différentes qui ont vécu autrefois, et nous sommes hors
d'état d'assigner avec certitude les causes véritables et
efficientes des changements accomplis.

Sans doute, l'influence des milieux pour modifier les
caractères anatomiques, aussi bien que les qualités morales des êtres vivants, est incontestable; sans doute, le
métissage a pu être invoqué à juste titre par plus d'un
savant, dans l'explication de leurs variations : l'hybrida-
tion, sur laquelle les travaux de Naudin ont jeté tant de
lumière, y entre pour une forte part; mais tous les efforts
pour pénétrer le mécanisme même de ces variations sont
demeurés impuissants. Ni la production des monstruo-
sités, faits pathologiques, qui ne se transmettent guère
par hérédité; ni la découverte des générations alter-

nantes; ni l'intervention du polymorphisme, si fréquent chez les êtres inférieurs; bref aucun ordre de phénomènes, envisagé comme la cause radicale et l'agent essentiel de la variation des espèces, n'a résisté jusqu'à présent à la critique des faits : aucun n'a pu fournir les éléments complets d'une théorie inébranlable.

Mais les faits ne sont pas infirmés par l'insuffisance des théories, et nous devons nous hâter d'ajouter qu'il est devenu impossible de maintenir d'une façon absolue la vieille opinion de la transmission héréditaire indéfinie des caractères de l'espèce; le type étant supposé se reproduire sans cesse par ce qu'on appelle la force ancestrale, en dépit de l'action du milieu extérieur, du temps, et du métissage, jusqu'au jour où l'énergie première inhérente à ce type spécifique, se trouvant épuisée par le cours des siècles, toutes les formes anciennes disparaîtraient sans retour. L'hypothèse d'une semblable virtualité nous ramènerait à la grossière idée de l'emboîtement indéfini des germes.

Il ne convient pas de pousser plus loin cette discussion; mais j'ai dû l'indiquer pour montrer quels problèmes soulève la longue et méthodique expérience faite sur l'ensemencement des Poiriers; elle représente le point culminant de la carrière de Decaisne, l'œuvre réfléchie de sa maturité. Nous allons maintenant abandonner ces hautes questions théoriques, qui l'avaient si longtemps occupé, pour achever le tableau de l'existence de notre confrère.

VII

La fin de la vie de Decaisne, consacrée au travail, fut de plus en plus attristée par les douleurs de la patrie, par la perte de ses amis et par l'affaiblissement graduel de ses forces et de sa santé.

Tout d'abord la funeste année 1870 le frappa au cœur. Il y fit courageusement son devoir, comme tous les hommes de science. Pendant le siège de Paris, il demeura à son poste, fidèle aux intérêts qui lui étaient confiés, et l'année 1871, à son début, le trouva malade et fatigué, accablé par la catastrophe de la France. Les désastres particuliers du Muséum s'y joignirent à ce moment : le bombardement de l'armée allemande effondra les serres vitrées et fit périr par la destruction de leurs abris les précieuses collections qu'elles renfermaient. Pendant ce temps, Decaisne n'émigra pas vers d'autres quartiers moins éprouvés ; il demeura toujours présent, vivant sous la terre, dans les caves situées au-dessous des serres, avec les employés dont il entretenait le courage et partageait les dangers ; s'efforçant à chaque accalmie des obus de réparer les vitrages, pour s'opposer à l'invasion du froid, jusqu'au moment où le nombre des vitres brisées à chaque instant triompha de tous les efforts des savants désespérés.

Après le premier siège, vint le second, plus cruel encore pour les bons Français. Decaisne dut subir les perquisitions des gardes nationaux de la Commune, prétendant chercher chez lui des jeunes gens qu'il y aurait cachés.

Cependant la vieillesse était arrivée et la robuste constitution de Decaisne commençait à fléchir. Sans doute, lorsqu'il disait à un ami en 1853 : « Je ne crois pas faire de vieux os, » c'était la crainte, l'illusion qui atteint bien des gens au premier ébranlement de leur santé. Même en 1866, lorsqu'il écrivait avec plus de tristesse : « Les travaux prolongés ne conviennent plus à mon âge. Mais qu'y faire? Je ne puis m'arrêter; ma vie est liée à plus d'une existence. Je dois aller de l'avant, sous peine de voir les autres se croiser les bras et manquer de travail. » Ces craintes étaient prématurées : pendant dix ans encore Decaisne conserva son activité. Mais sa santé se trouva alors atteinte d'une façon plus profonde. Les coups les plus sensibles lui furent portés d'abord par la mort de ses amis. En 1870, il avait perdu Léveillé; G. Thuret, avec qui il était lié d'une si vive affection depuis plus de trente-cinq années, mourut en 1875. En 1876, ce fut le tour de Brongniart; puis vint Le Maout; puis Thiers, avec lequel il avait eu de sympathiques relations; puis le botaniste allemand Al. Braun, en 1877.

C'est ainsi que chacun de nous se trouve peu à peu frappé dans ses affections les plus intimes, et demeure isolé de tous ceux qui l'ont connu et aimé, de ceux qui ont partagé ses sentiments et ses sympathies : il reste solitaire et désormais incompris des nouvelles générations. De telles douleurs attendent tous ceux qui ne meurent pas à temps. Decaisne, si tendre pour ses amis, devait les ressentir plus que personne.

Dès 1873, il avait été obligé de confier une partie de son cours à ses élèves, à Dehérain d'abord, plus tard à Vesque.

En 1878, l'affaiblissement de sa santé se fit sentir d'une façon plus pressante. On le rencontrait encore dans les jardins du Muséum, où il avait vécu près de soixante ans ; mais ce n'était plus le marcheur infatigable d'autrefois. Il restait le plus souvent assis sur un banc, causant avec la bonne grâce et l'enjouement d'un homme qui a toujours rempli son devoir et n'a jamais fait le mal volontairement. Il mourut à l'âge de 75 ans, le 8 février 1882, laissant le souvenir d'un savant illustre et d'un homme de bien. S'il n'a fondé aucune école doctrinaire systématique, il n'en a pas moins formé des élèves, qui ont marqué et marquent aujourd'hui dans sa science de prédilection. S'il est demeuré attaché, avec une modestie timide, à des idées qui ont perdu une partie de leur crédit, il n'a pas cependant méconnu les grands problèmes de la vie ; il a dirigé ses efforts vers leur solution, avec un sincère et invariable amour de la vérité, et nul ne saurait méconnaître l'importance de la pierre qu'il a apportée à l'édifice.

Paris. — Typ. Firmin-Didot et Cⁱᵉ, imp. de l'Institut, 56. rue Jacob. — 30432.